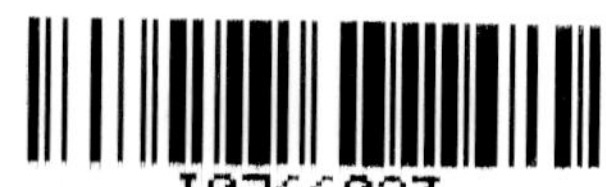

I0766023

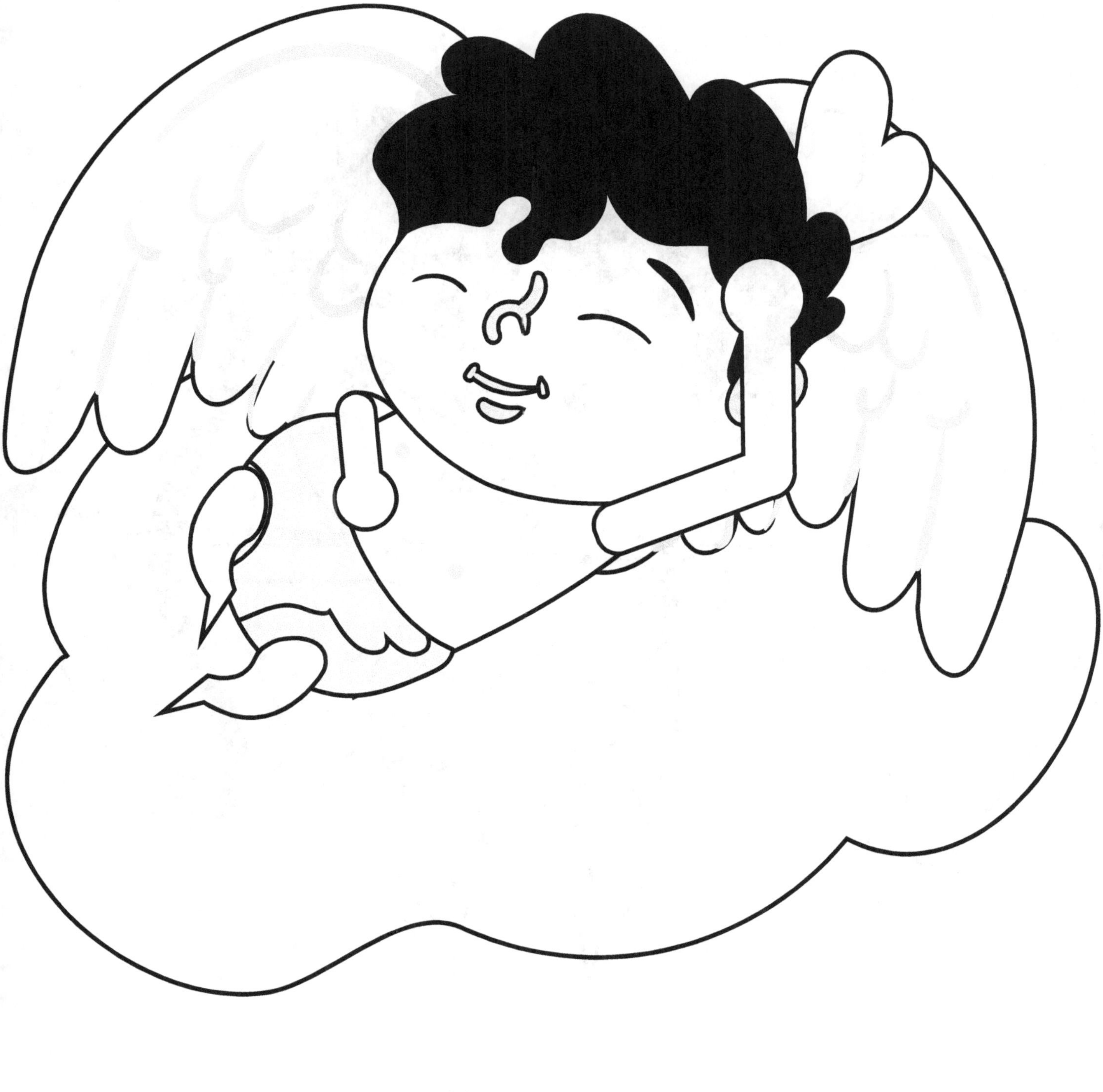

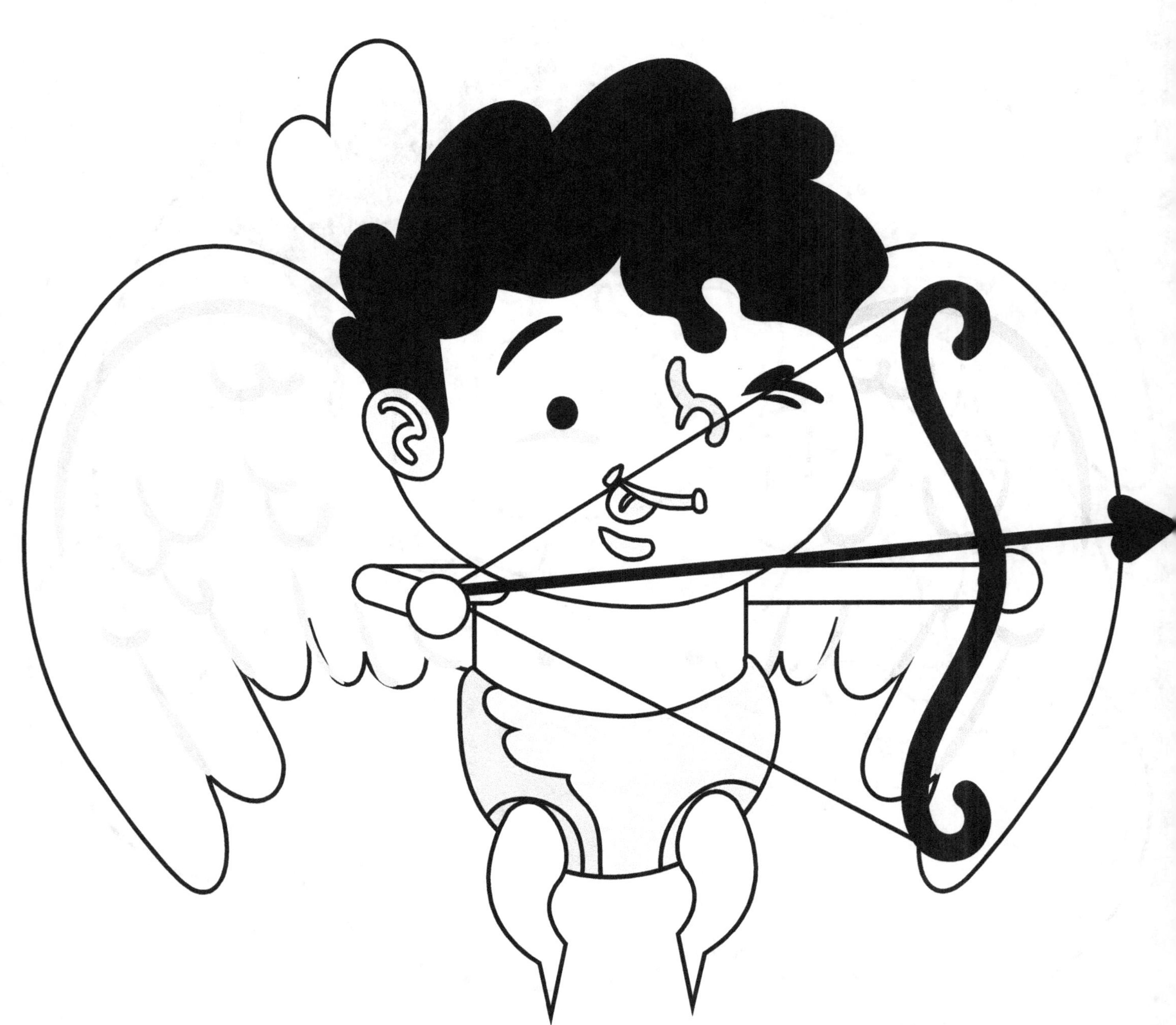

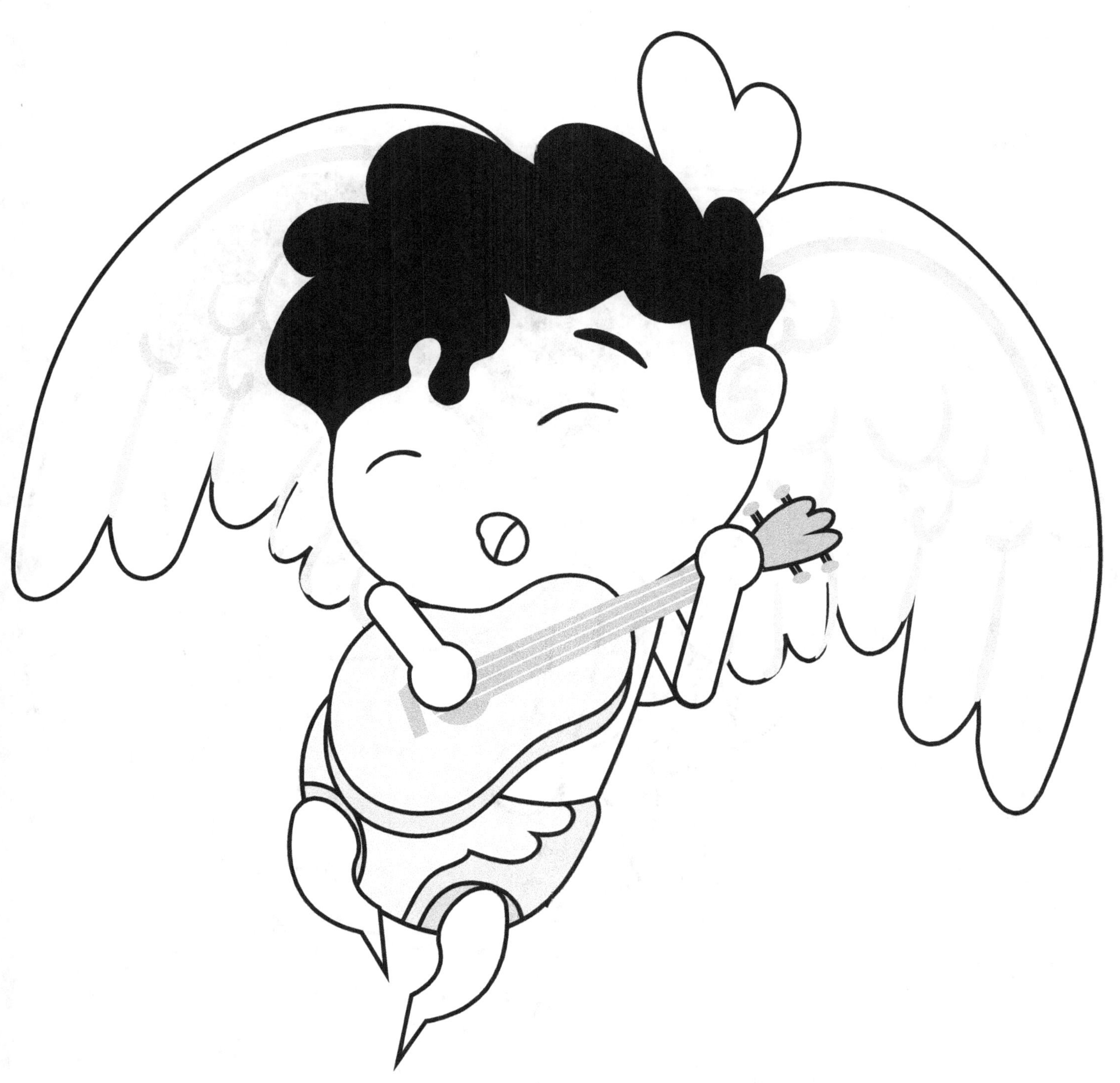

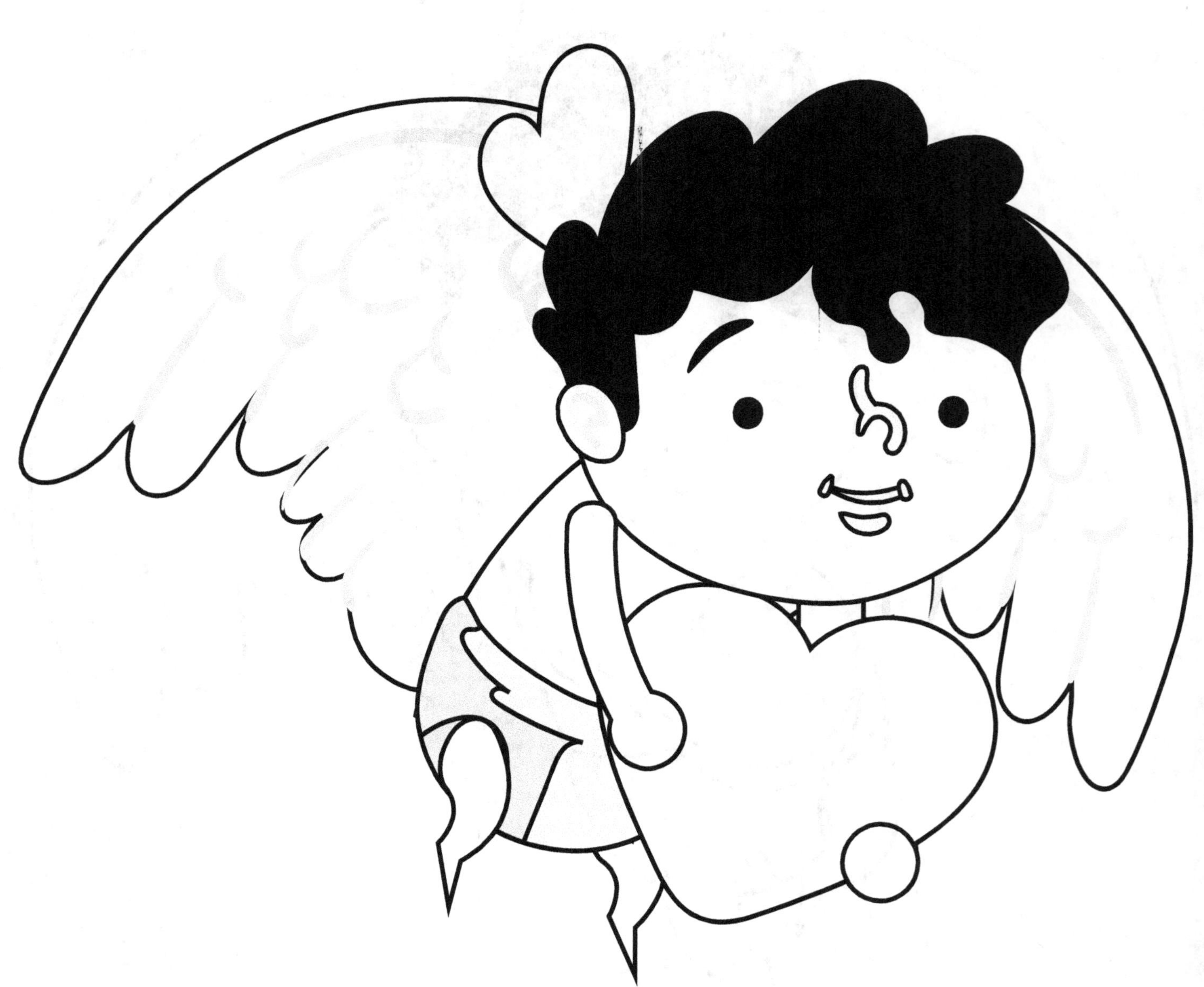

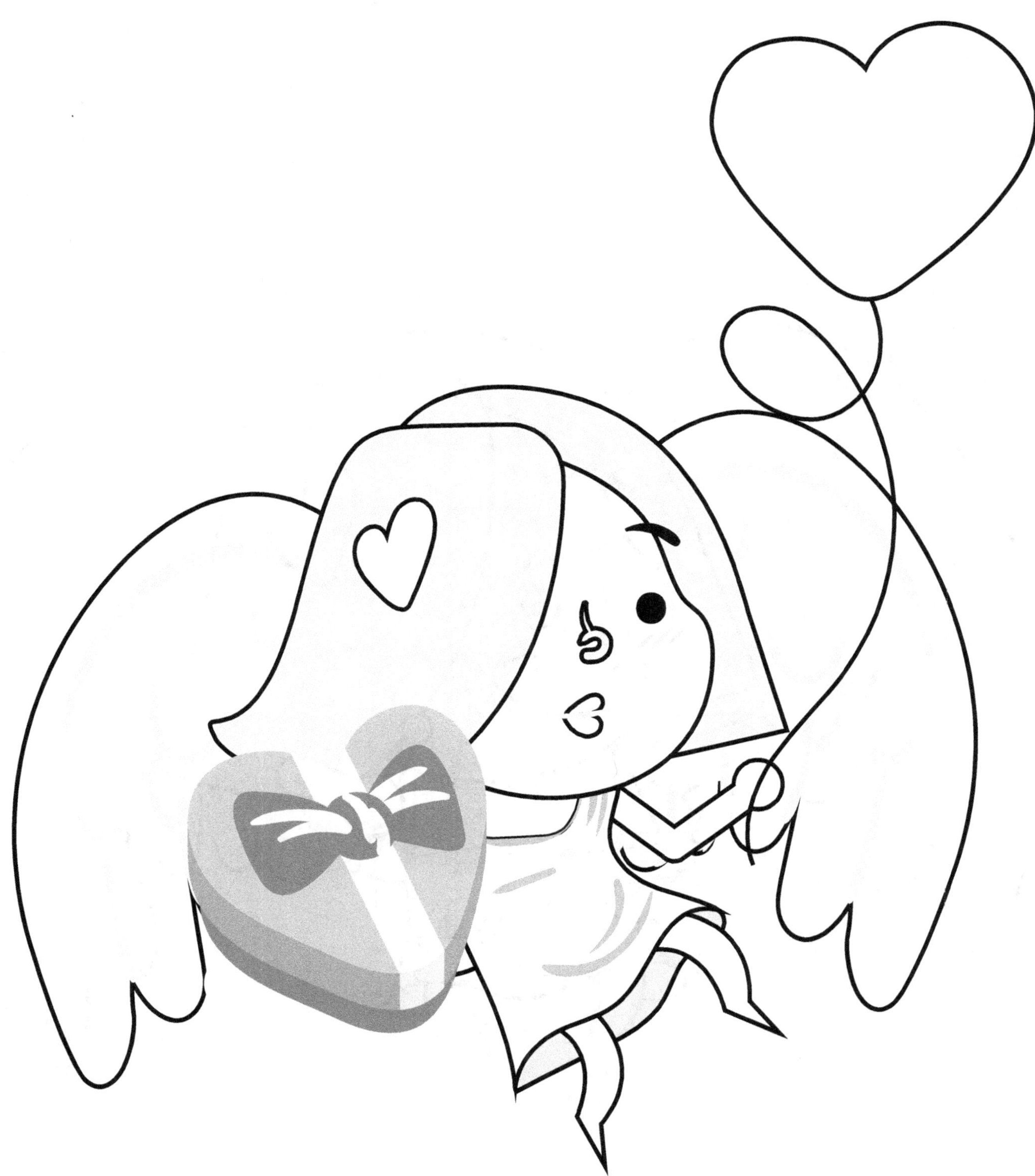

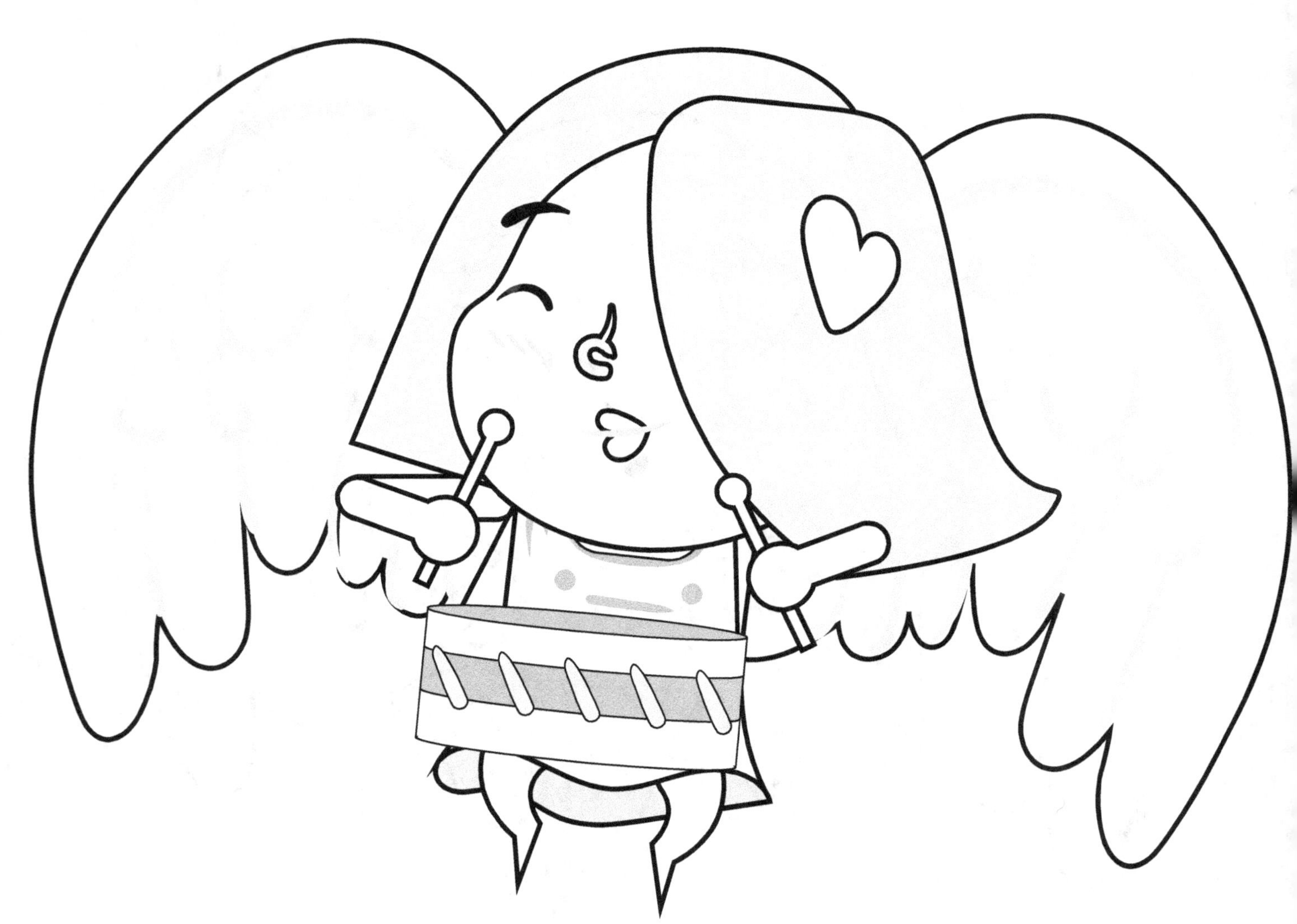

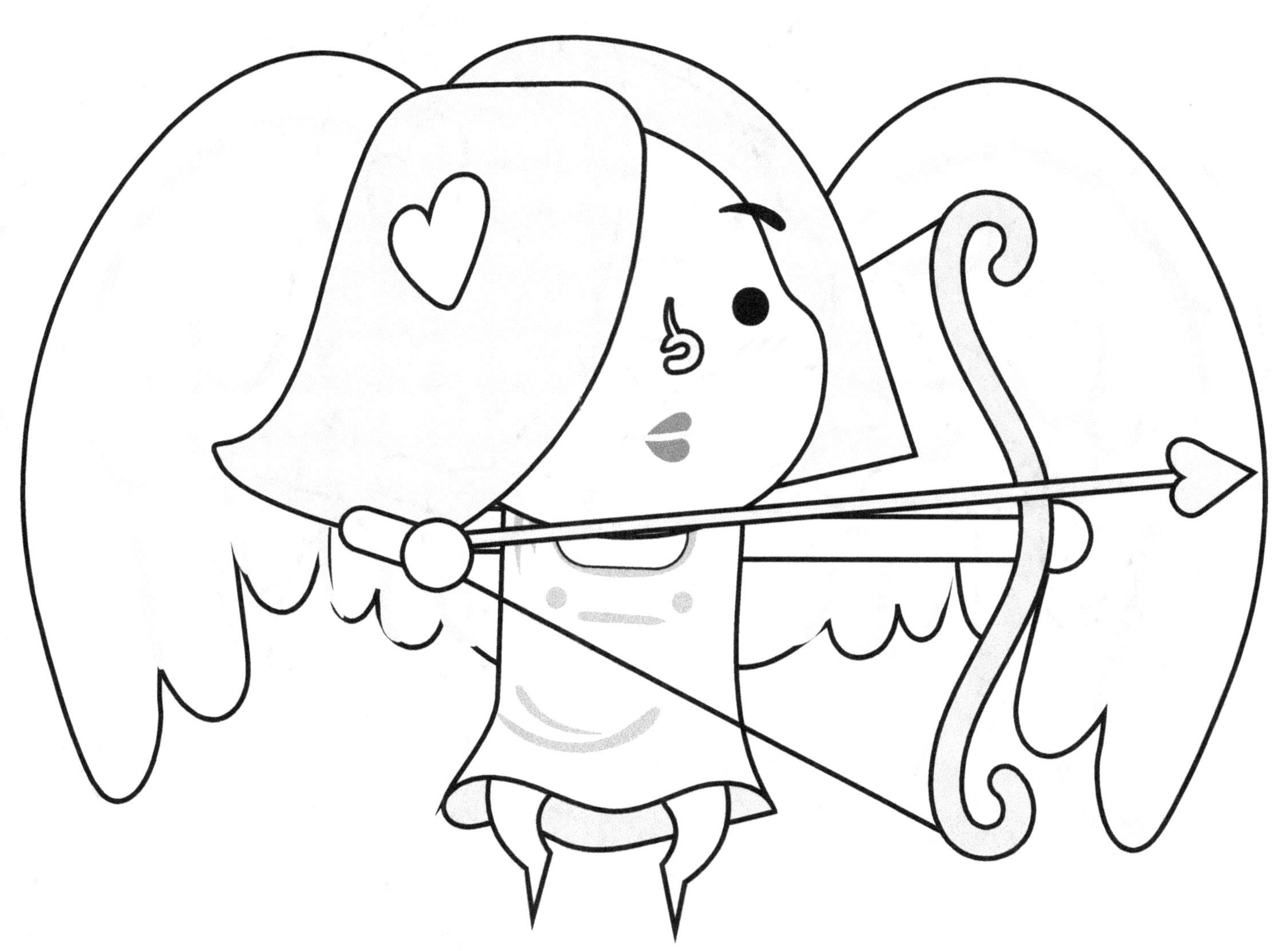

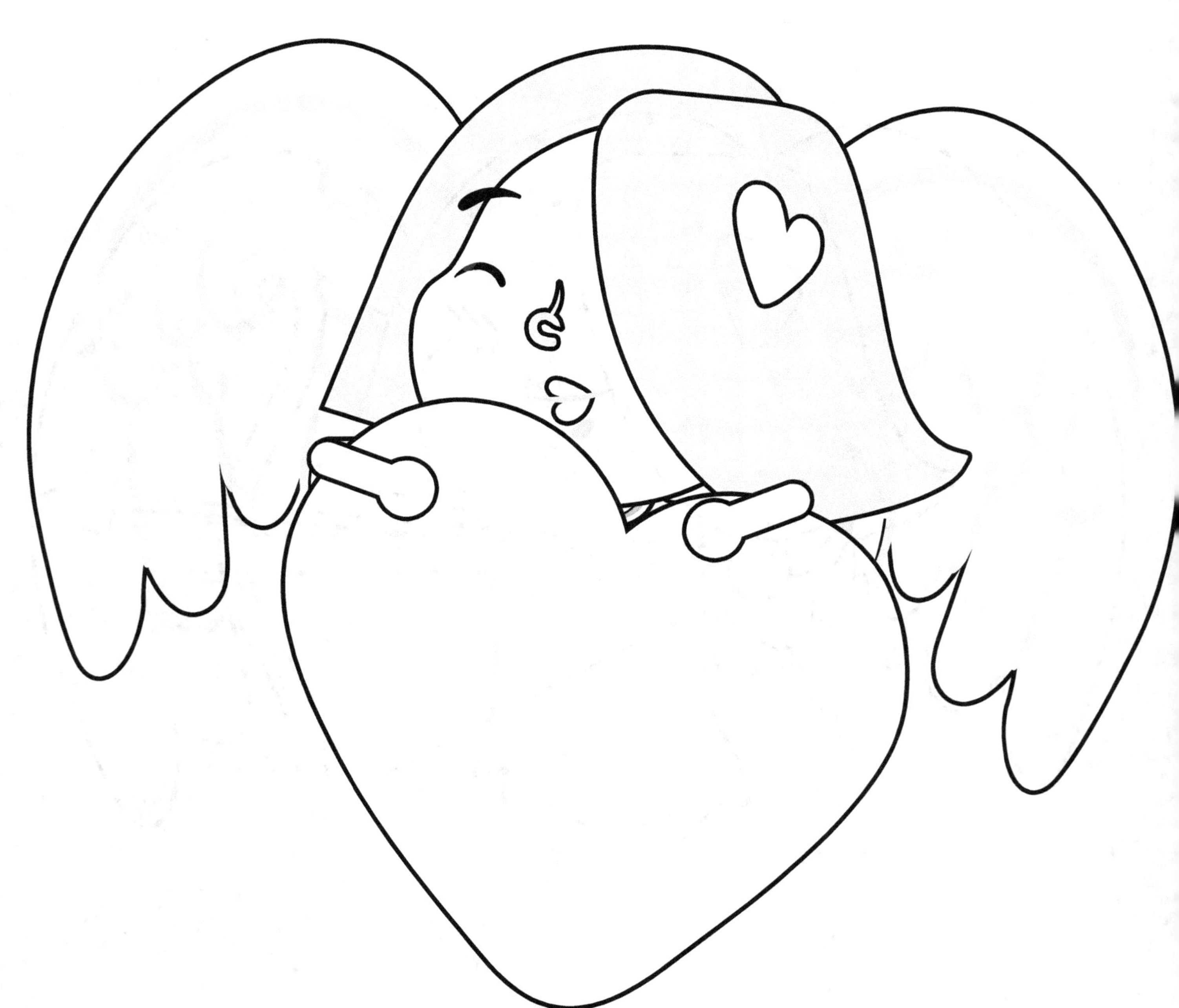

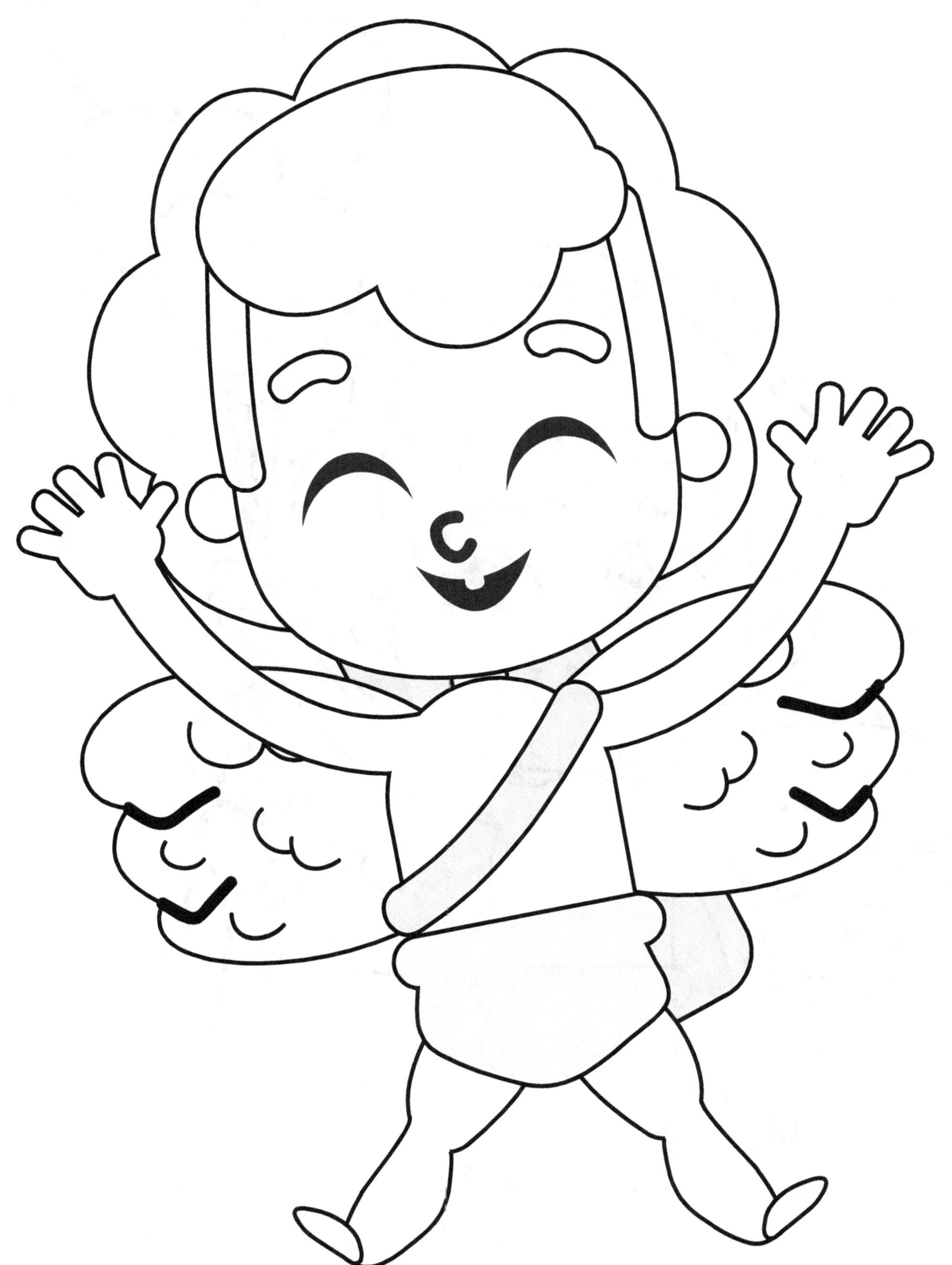

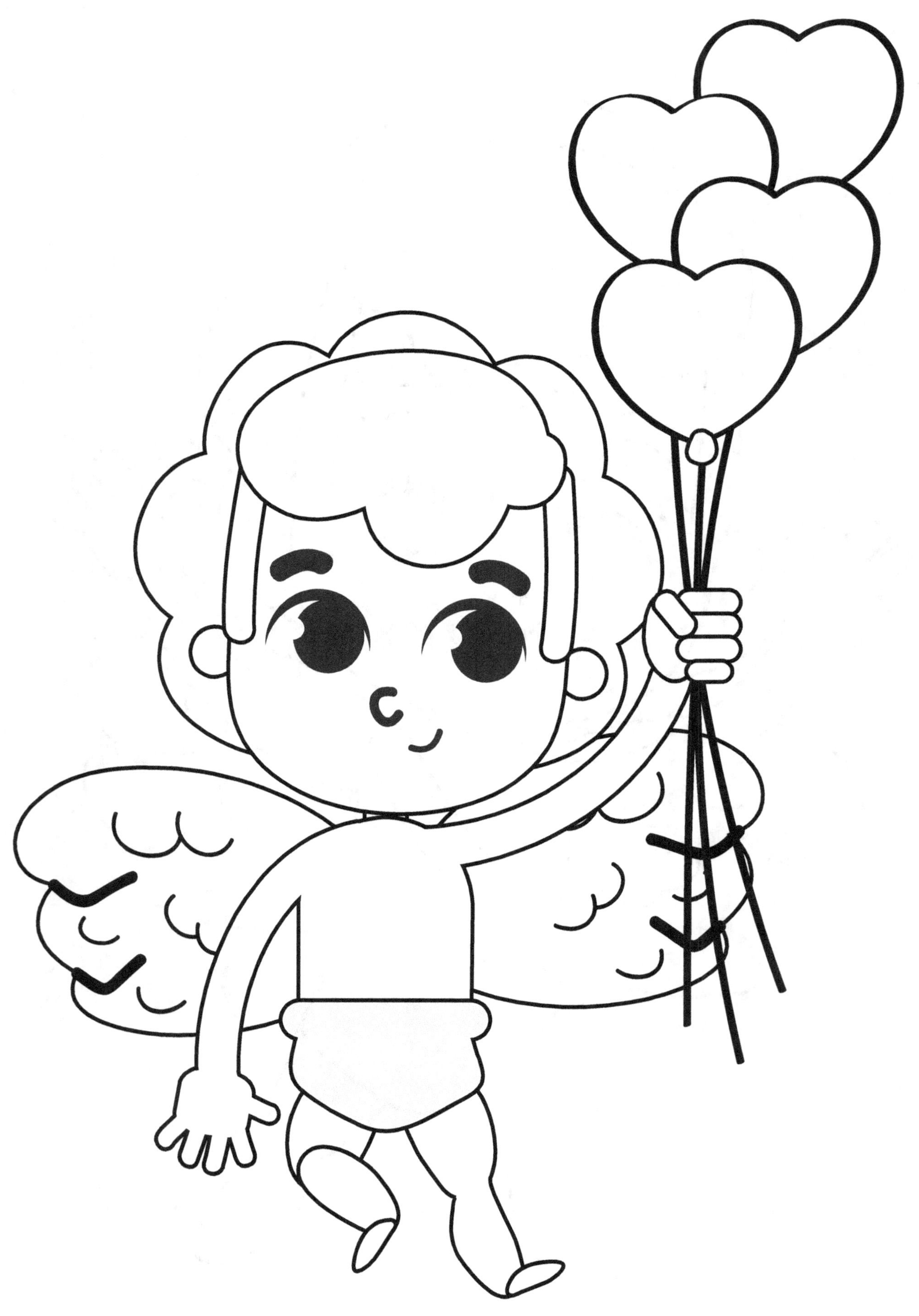

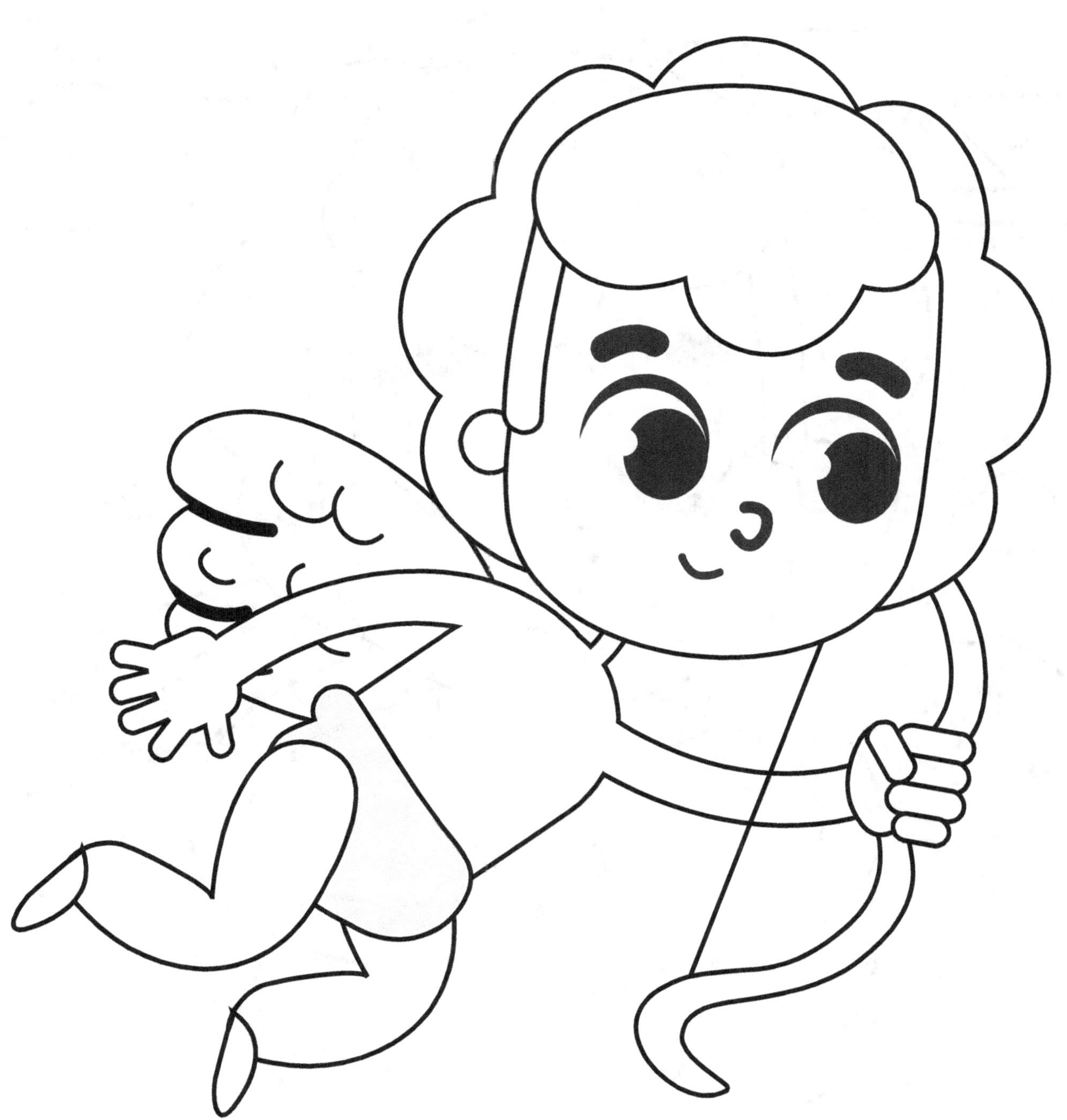

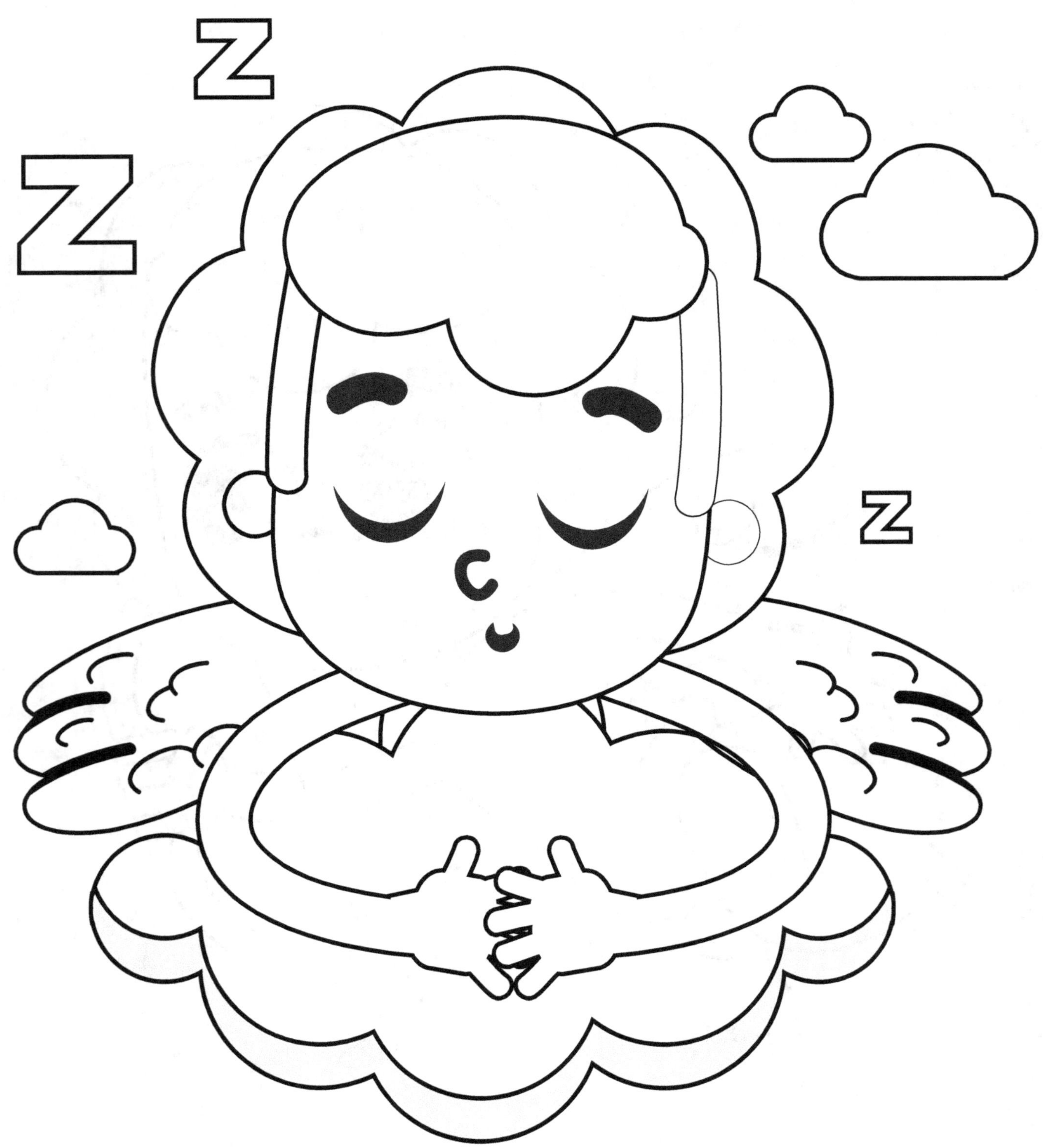

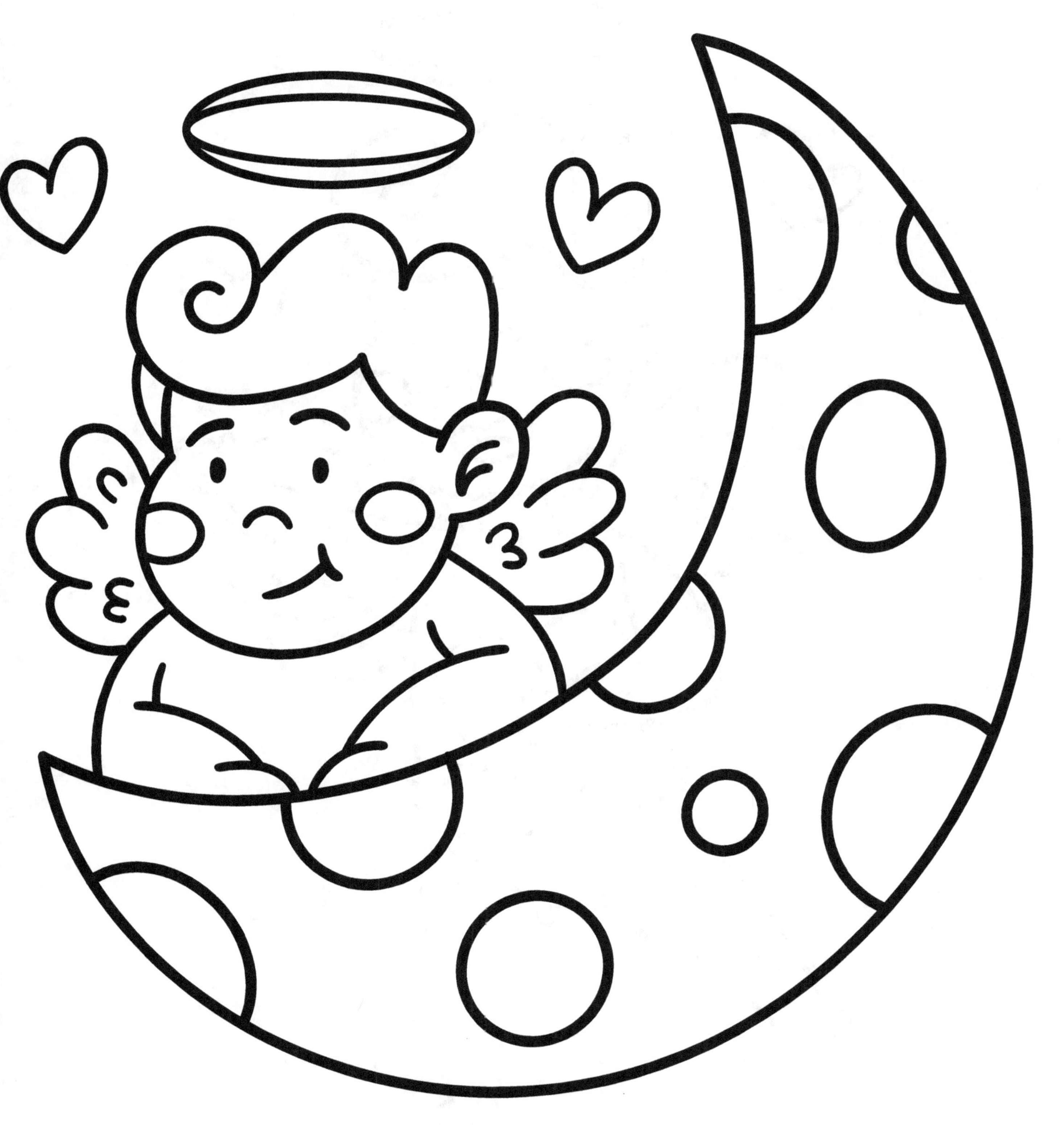

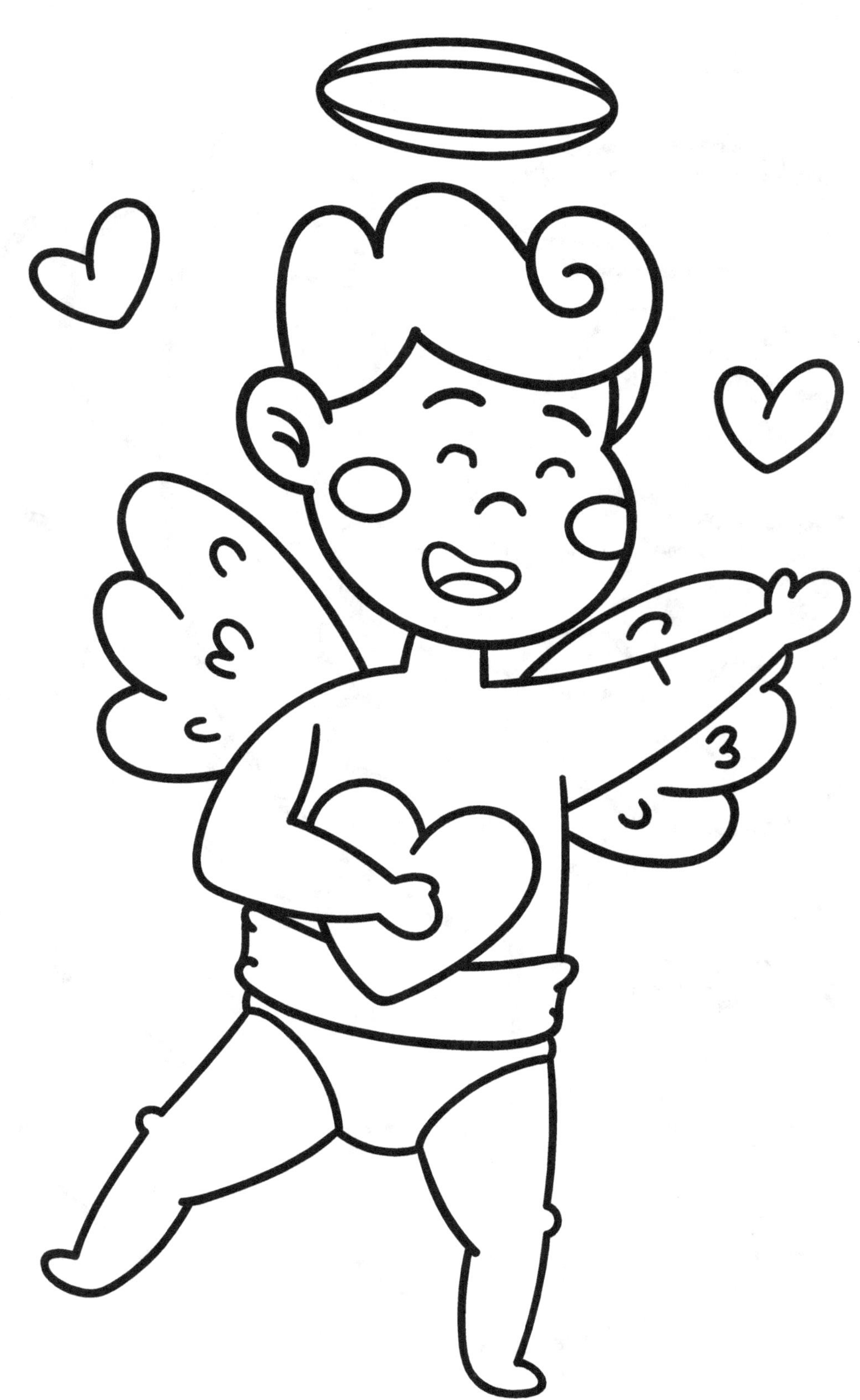

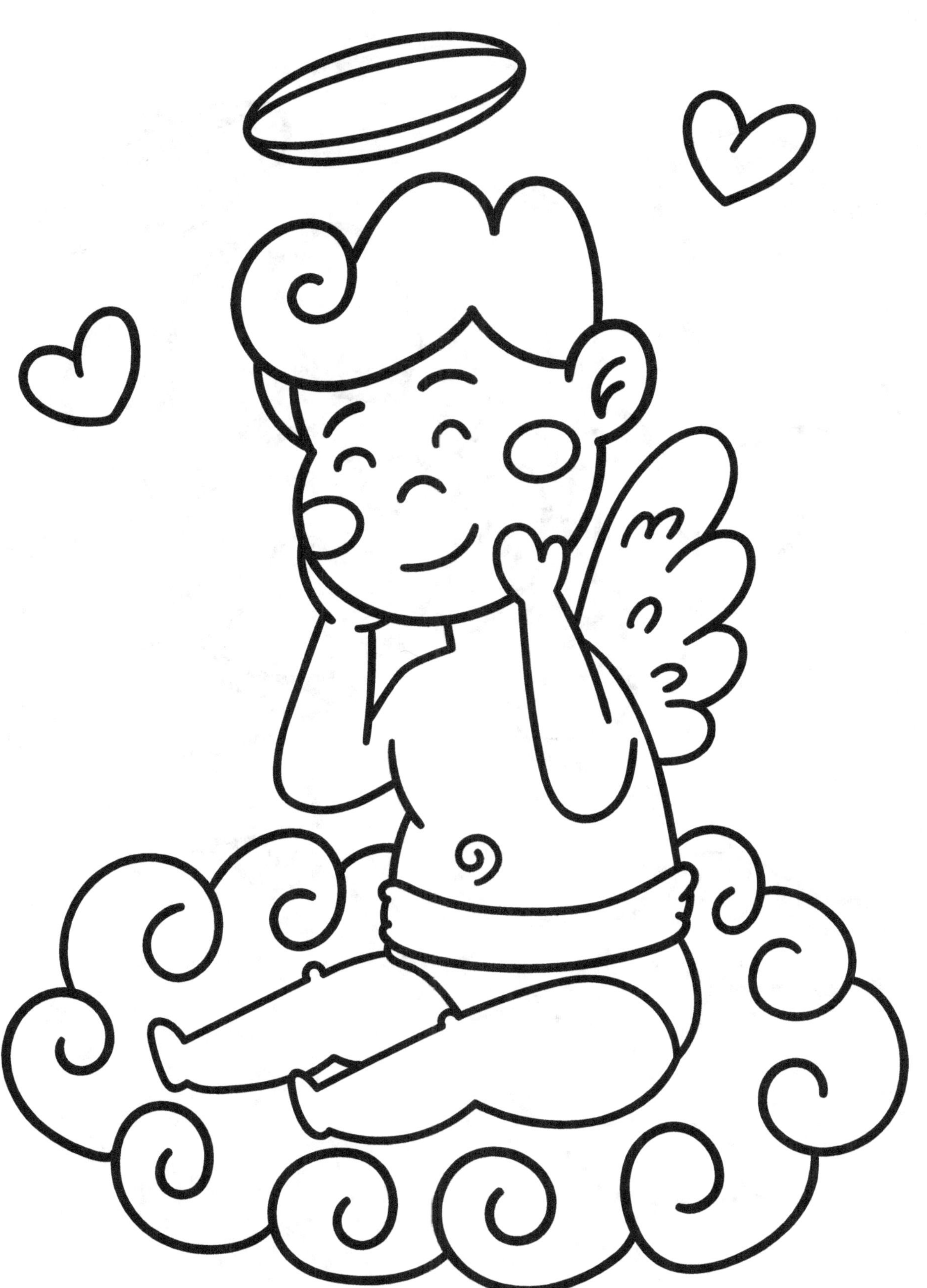

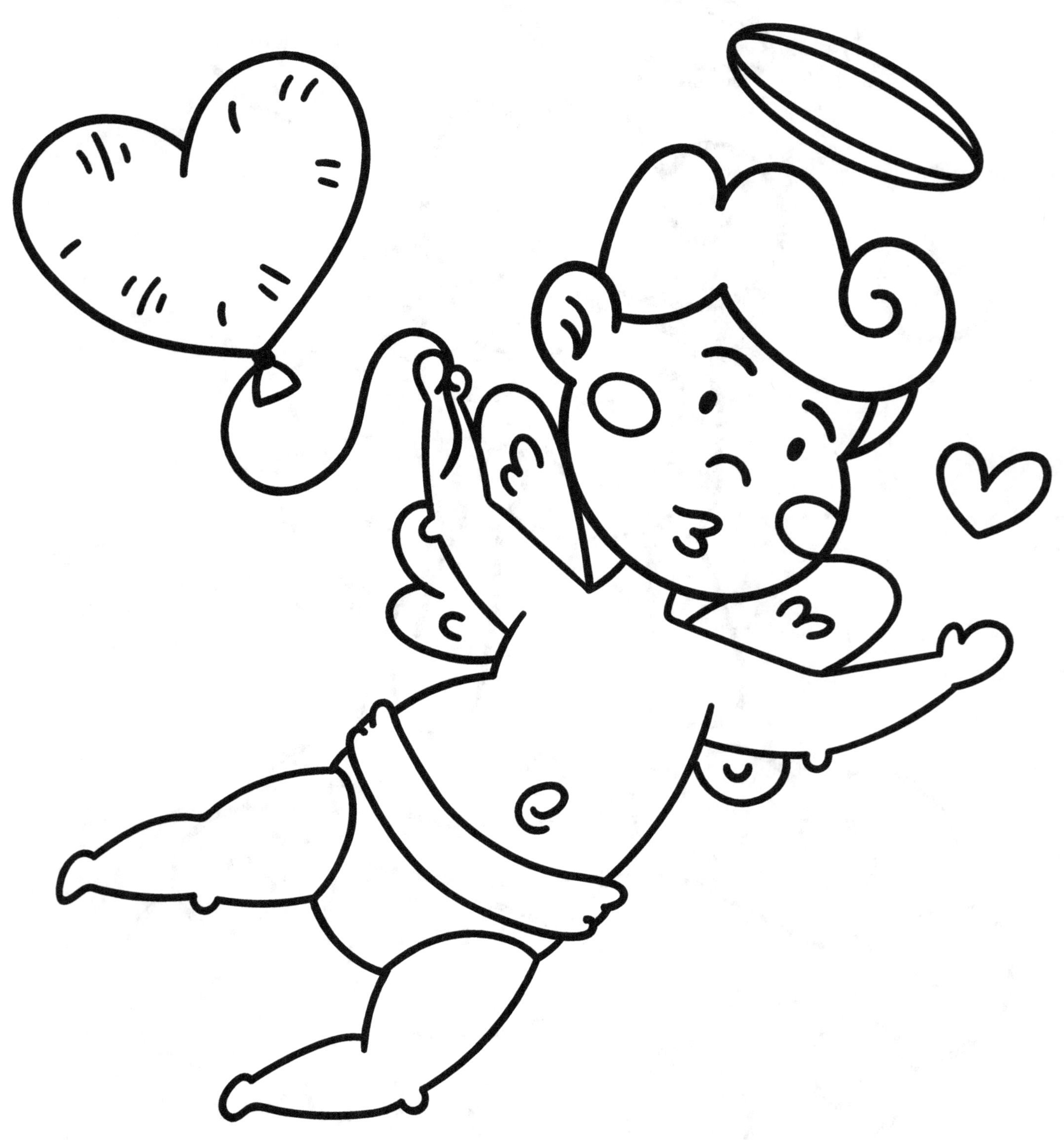

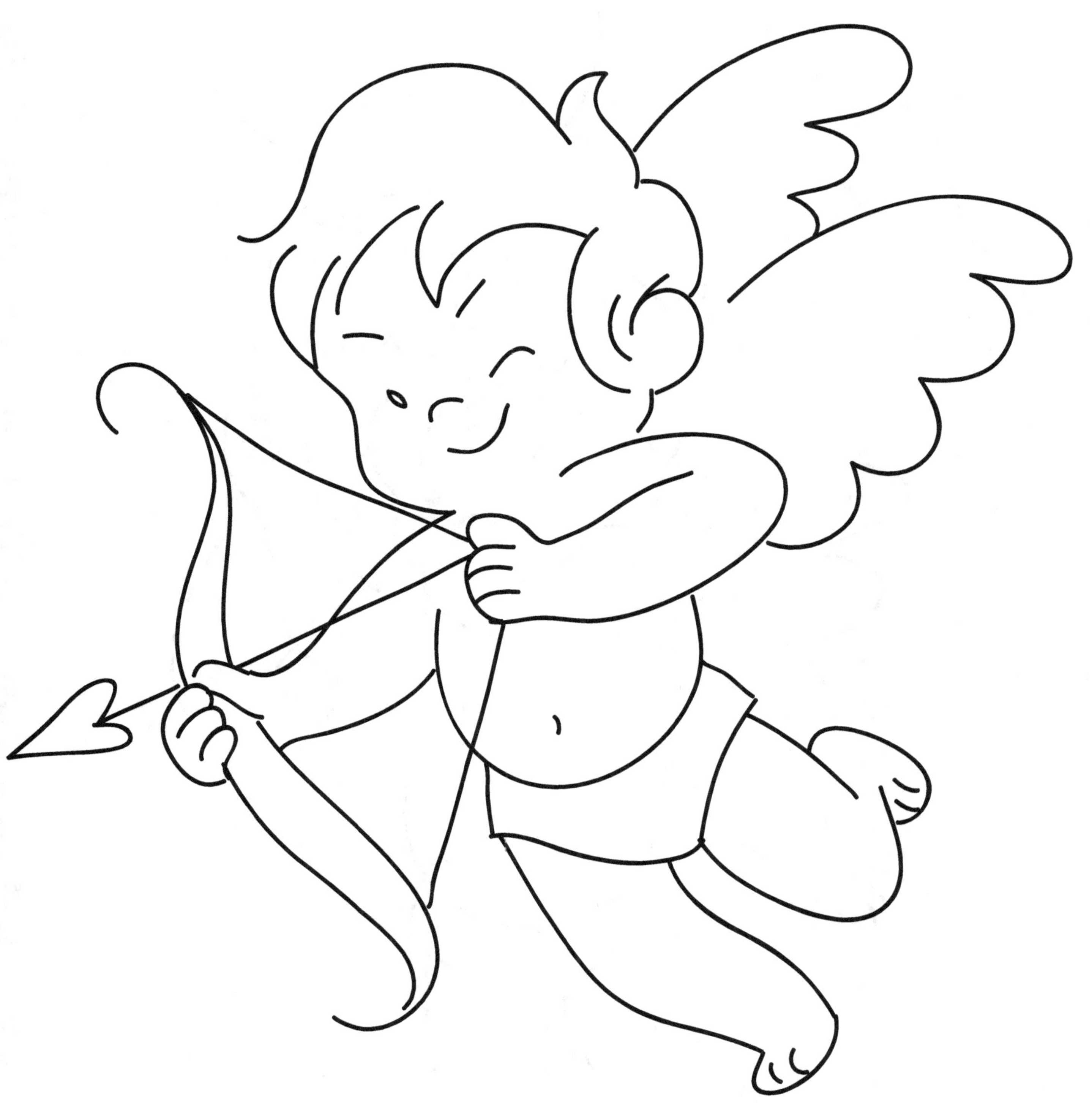

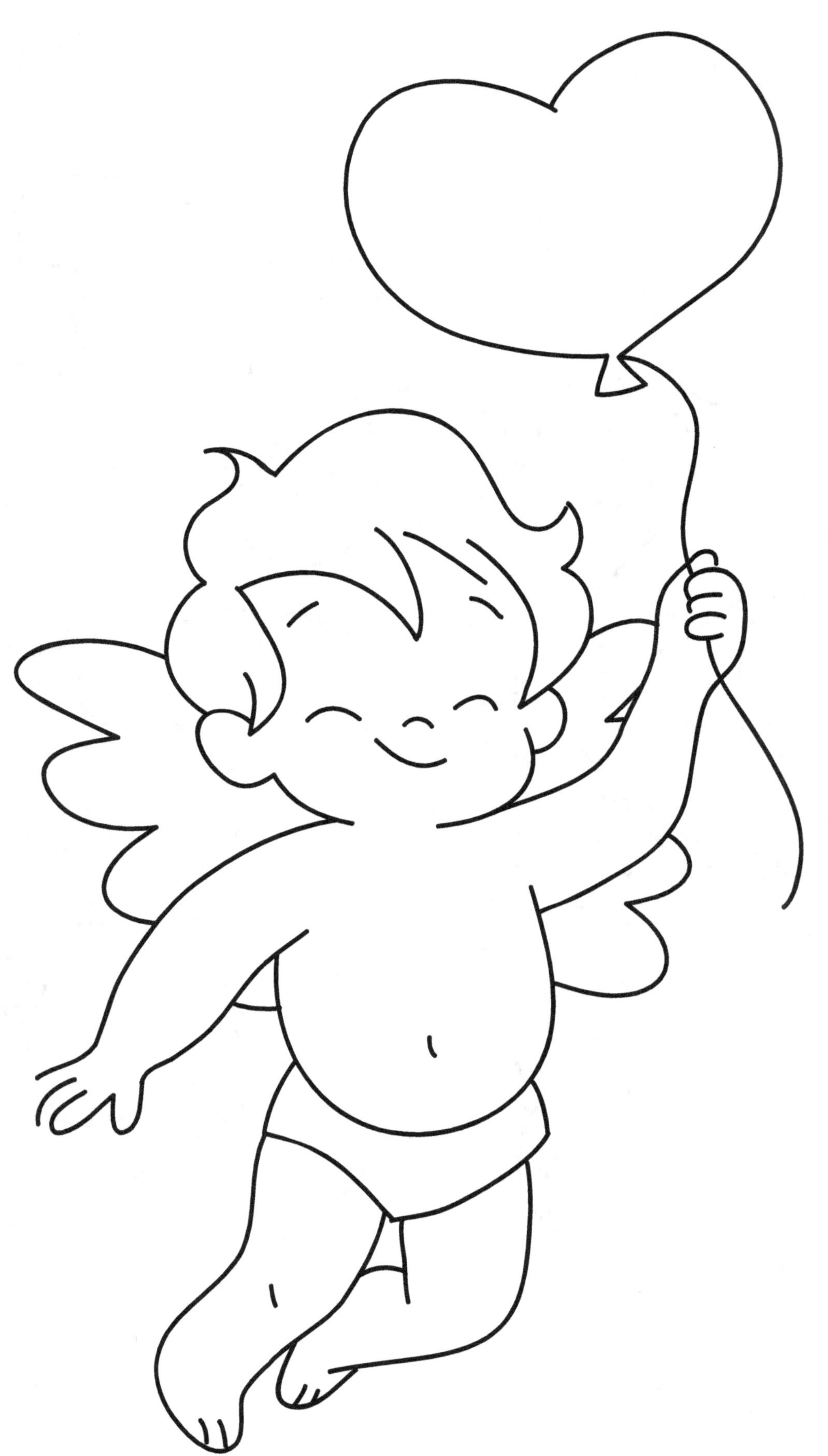

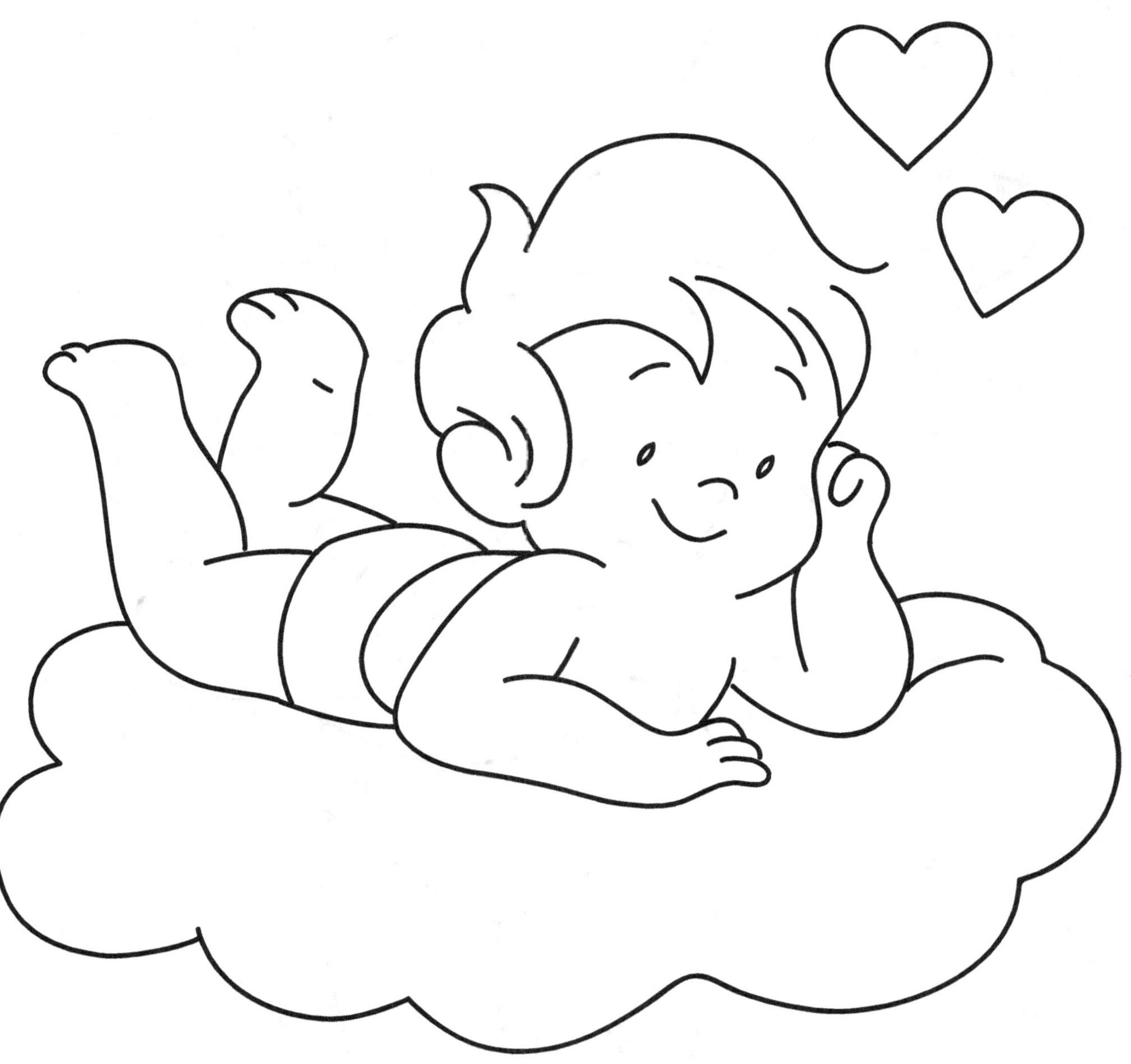

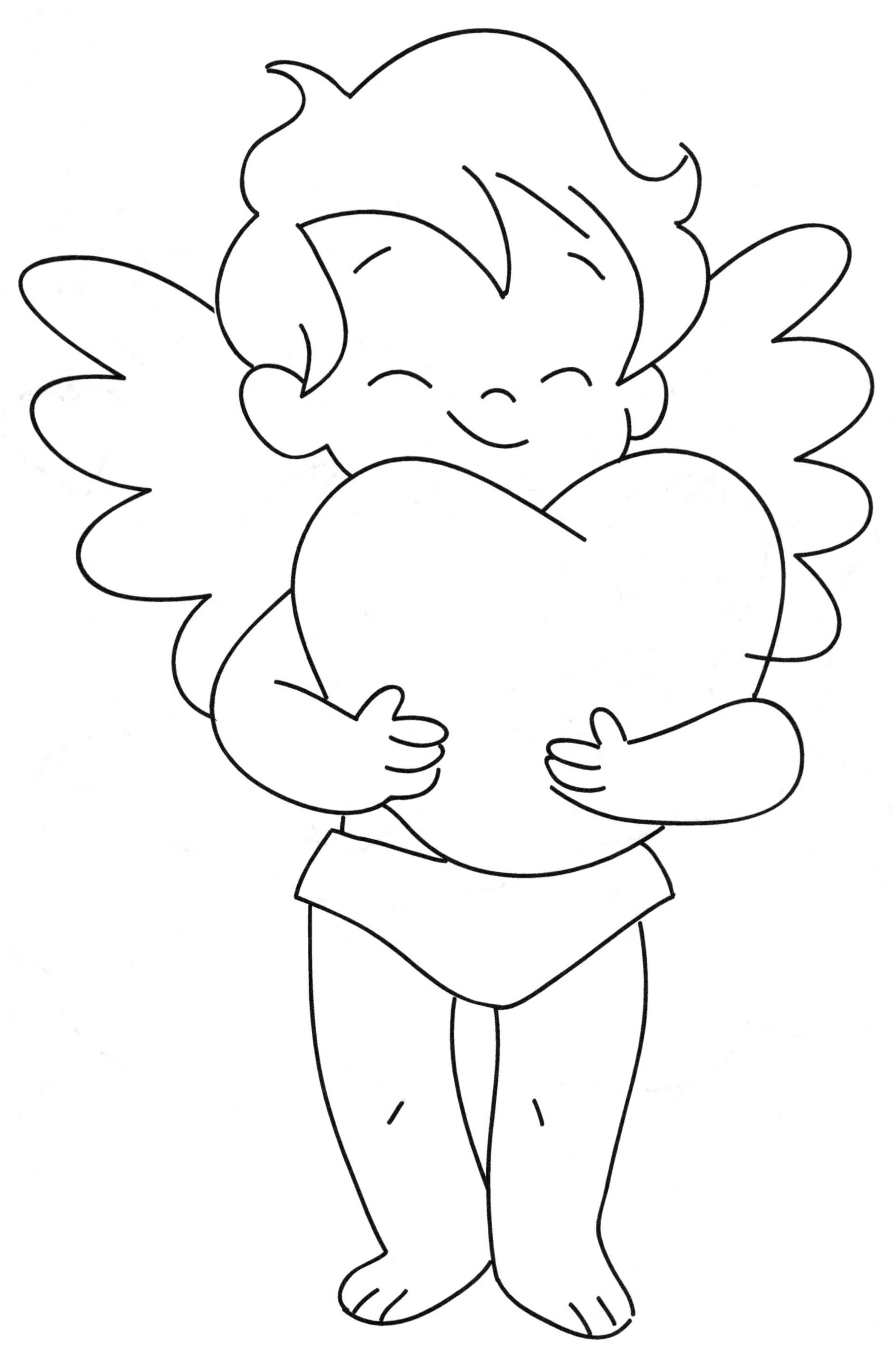

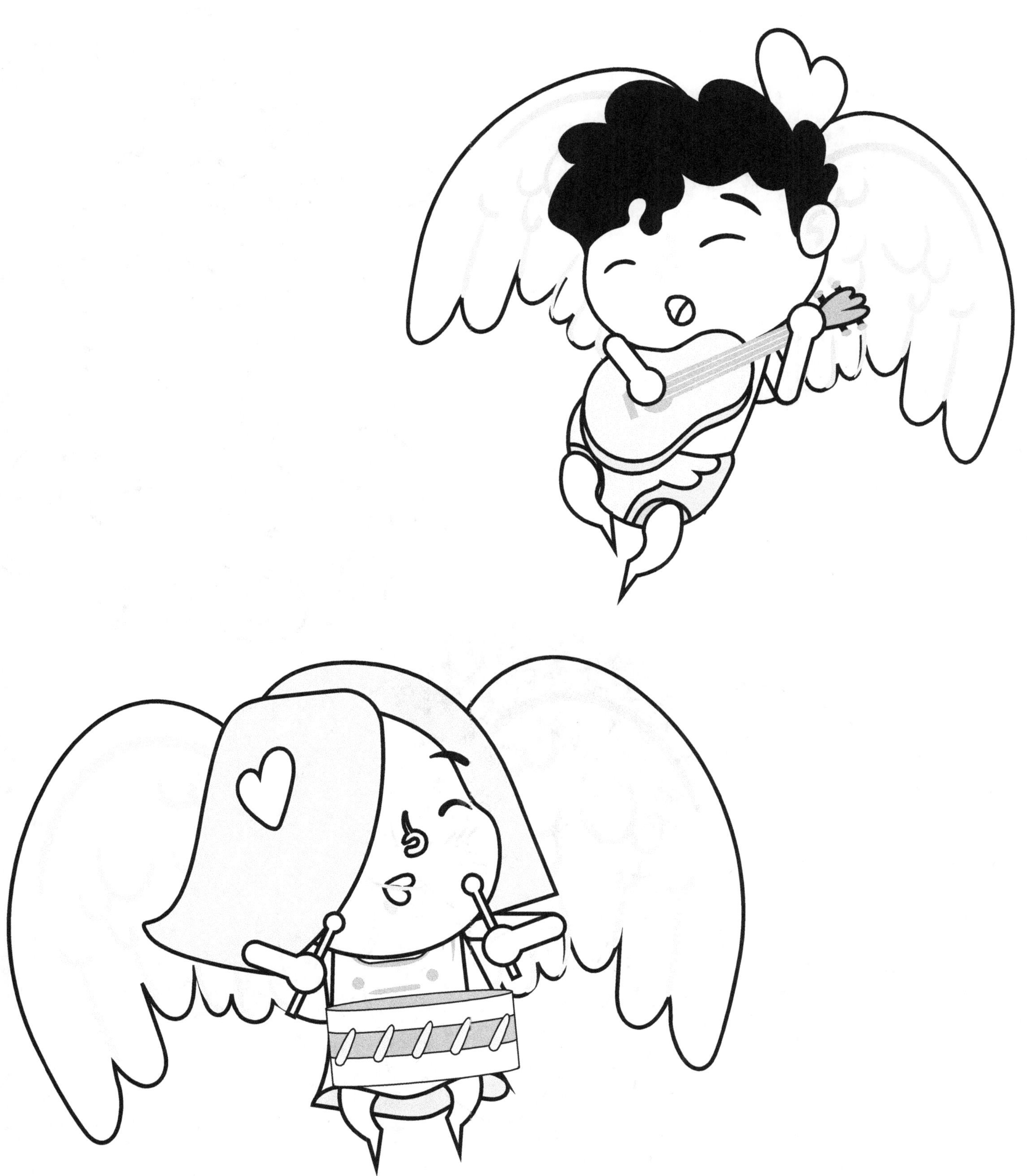

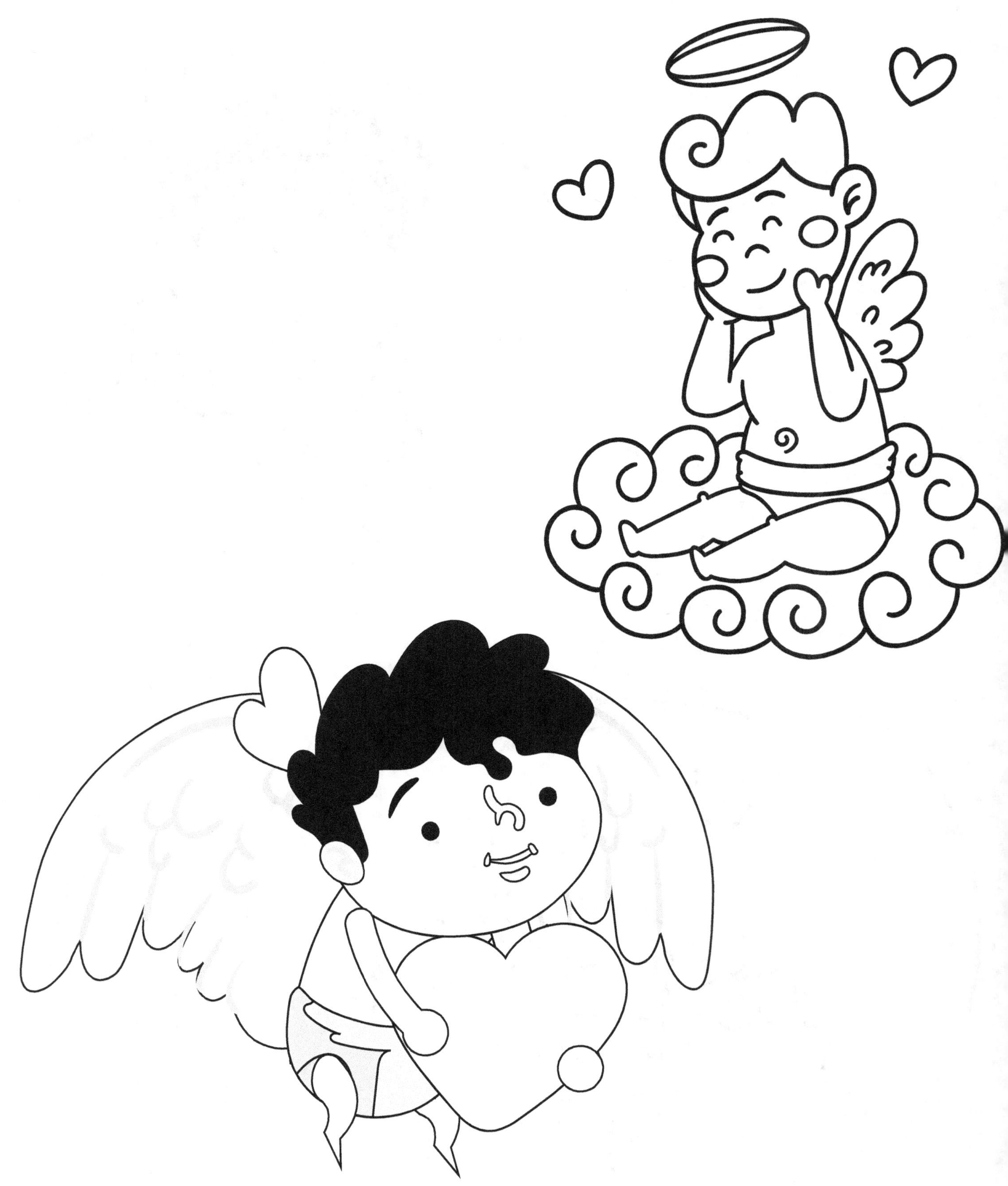

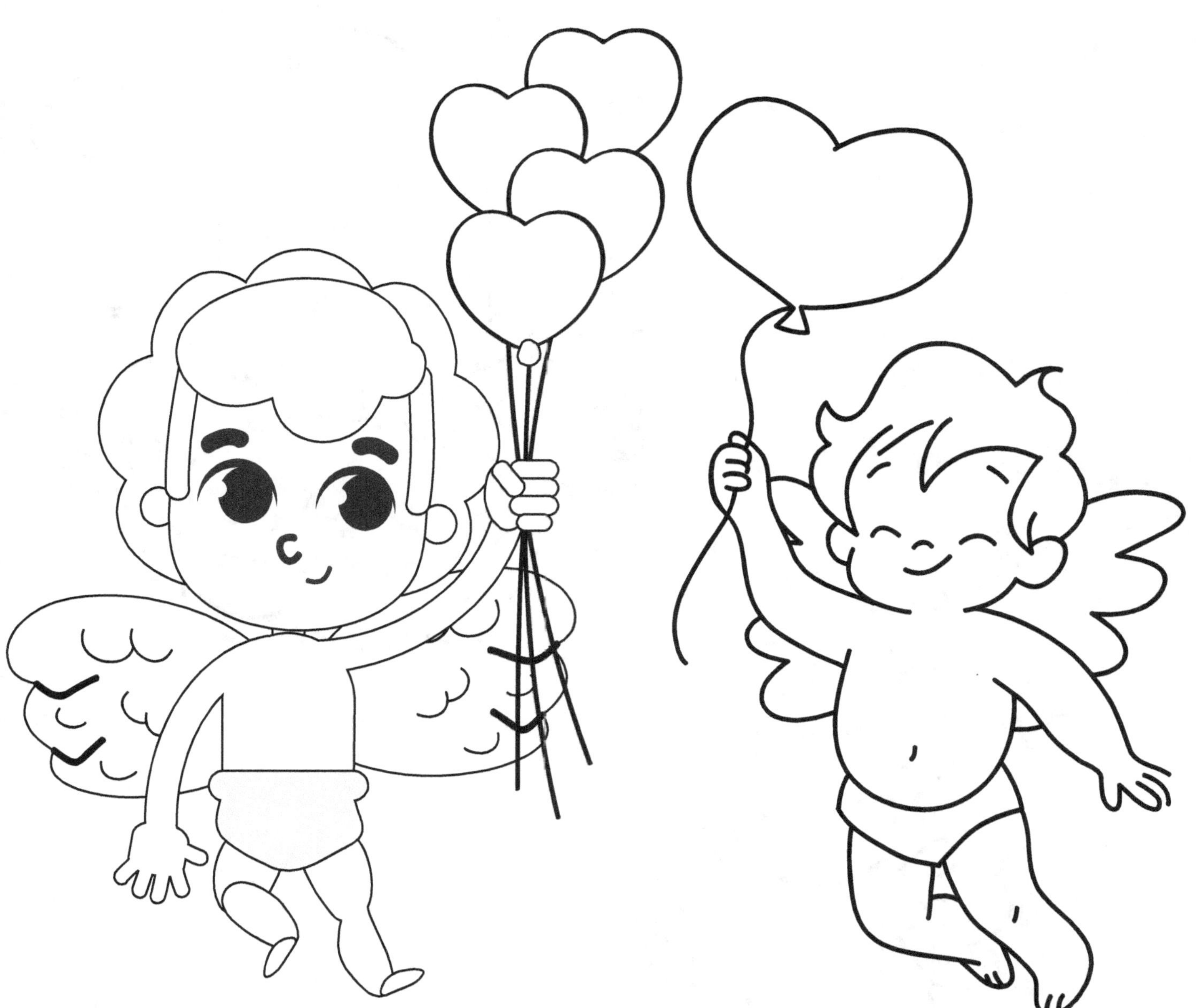

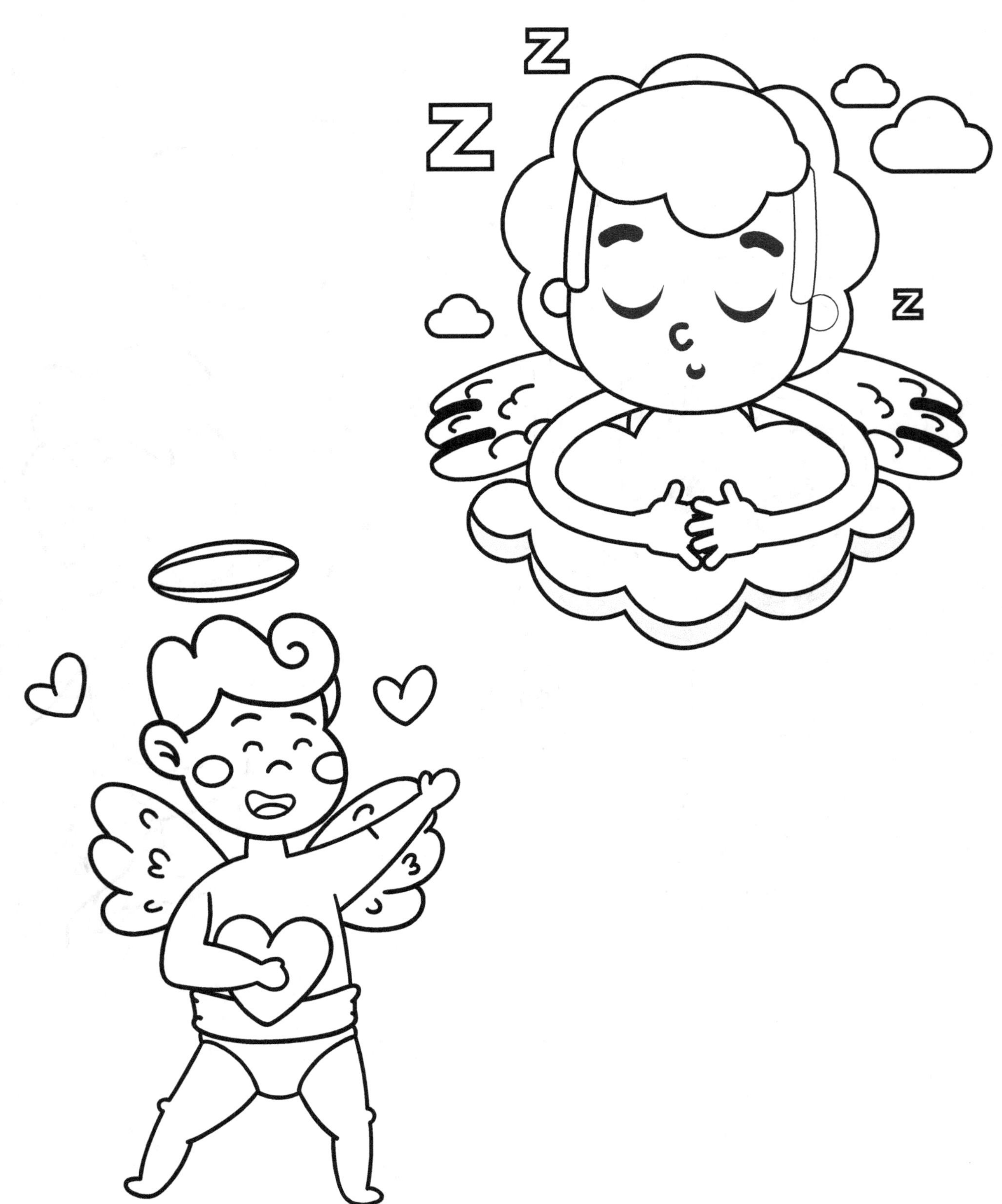

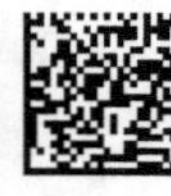